# LE PETIT LIVRE
# DES PENSÉES D'HUMOUR NOIR



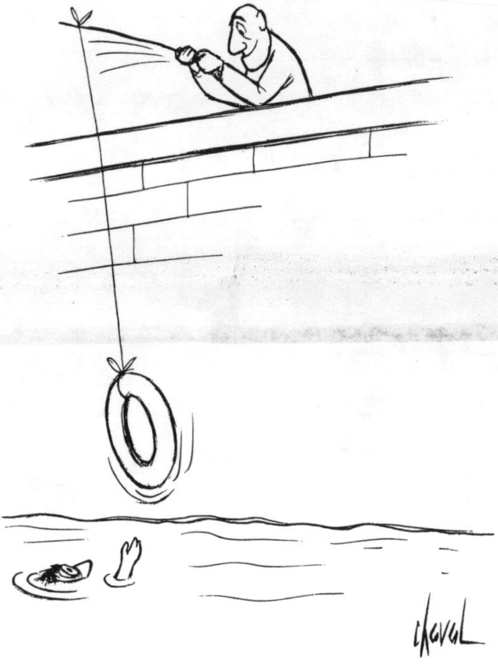

## DU MÊME AUTEUR

*Le Petit Dictionnaire de l'humour noir.*

*Le Petit Dictionnaire de l'humour noir (suite et fin).*

*Le Grand Livre de l'humour noir*, illustré par Kerleroux.

*Éternellement vôtre.*

*Le Petit Livre des épitaphes les plus drôles. Des fins pour défunts.*

*Cent bonnes raisons d'être mort.*

Celles qui sont prévoyantes.

Philippe Héraclès

# LE PETIT LIVRE DES PENSÉES D'HUMOUR NOIR

Dessins
de
Chaval

le
cherche
midi

23, rue du Cherche-Midi, 75006 Paris.

Vous pouvez consulter notre catalogue général et l'annonce
de nos prochaines parutions sur notre site Internet :
cherche-midi.com

*On passe sa vie à enterrer :*

*ses amours,*
*ses illusions,*
*ses relations,*
*ses amis,*
*sa famille*

*... et on finit par*
*soi-même.*

*PH*

**William Shakespeare**
(1564-1616)

Celui qui meurt cette année en est quitte pour l'an prochain.

**Jacques Du Lorens**
(1580-1655)

Ci-gît ma femme !
Ah ! Qu'elle est bien
Pour son repos
Et pour le mien !

**Marin Le Roy, sieur de Gomberville**
(1600-1674)

Pense donc à la mort ; ton âge t'y convie ;
Et si tu veux bâtir, va bâtir un tombeau.

**Cardinal Jules Mazarin**

(1602-1661)

Je voudrais que l'on vienne jouer aux dés sur ma tombe, j'ai trop aimé ce bruit.

**Thomas Fuller**

(1608-1661)

Une femme ne doit quitter sa maison que trois fois :

– pour son baptême,

– pour son mariage,

– et pour son enterrement.

**Paul Scarron**

(1610-1660)

Je lègue tous mes biens à mon épouse, à condition qu'elle se remarie. Ainsi, il y aura tout de même un homme qui regrettera ma mort.

**Ninon de Lenclos**
(1616-1705)

À sa mort : « Bah ! Je ne laisse après moi que des mourants ! »

**Antoine Furetière**
(1619-1688)

Un médecin est un homme que l'on paie pour conter des fariboles dans la chambre d'un malade, jusqu'à ce que la nature l'ait guéri ou que les remèdes l'aient tué.

**Jean de La Bruyère**
(1645-1696)

Les mourants qui parlent de leur testament peuvent s'attendre à être écoutés comme des oracles.

**Jean-François Regnard**
(1655-1709)

Mais il faut tant d'argent pour se soigner que, puisqu'il faut mourir, autant vous l'épargner.

**Fontenelle**
(1657-1757)

J'ai presque 100 ans et je n'ai pas d'ennemis... ils sont tous morts.

**Voltaire**
(1694-1778)

Je perds mes dents, je meurs au détail.

*

Il n'y a rien de plus ridicule qu'un médecin qui ne meurt pas de vieillesse.

*

J'approche tout doucement du moment

où les philosophes et les imbéciles ont la même destinée.

**Abbé de Voisenon**
(1708-1775)

Il y aurait une grande mortalité si l'on cessait de vivre lorsqu'on n'a plus rien à dire.

**Michel Jean Sedaine**
(1719-1797)

Quatre ans après la mort de son frère, Sedaine dit à quelqu'un qui lui faisait remarquer qu'il portait toujours le deuil : « N'est-il point toujours mort ? »

**Madame de Boufflers**
(1725-1800)

Veuve, elle déclara de son mari qui était volage : « Je vais enfin savoir où il passe ses nuits. »

**Georges François Mareschal, marquis de Bièvre**
(1747-1789)

Le marquis de Bièvre apprit qu'un ami s'était jeté dans un puits par désespoir d'amour. « Dans un puits ? Mais c'est se comporter comme un fou ! »

Le marquis de Bièvre : « Dites plutôt comme un sot ! »

**Mirabeau (comte de)**
(1749-1791)

Presque chaque jour on le provoquait en duel et il répondait : « J'inscris votre provocation sur ma liste, mais je vous avertis que celle-ci est longue et, en principe, je n'accorde aucune faveur. »

**François-Louis Bourdon**
(1758-1798)

Le veuvage est une fête que l'on célèbre seul.

**Maximilien de Robespierre**
(1758-1794)

La mort est le commencement de l'immortalité.

**Georges Jacques Danton**
(1759-1794)

Nous deviendrons tous poètes, nous allons tous faire des vers...

**Alphonse Rable**
(1786-1829)

La mort est un bon pasteur, car elle ne perd jamais rien de son troupeau.

**Honoré de Balzac**
(1799-1850)

Le courage des Turcs s'explique par le fait qu'un homme qui a plusieurs femmes est mieux disposé à braver la mort que celui qui n'en a qu'une.

**Victor Hugo**
(1802-1885)

Sur Shakespeare :
Chexpire, quel vilain nom !
On croirait entendre mourir un Auvergnat.

**Alexandre Dumas père**
(1802-1870)

*Quatrain au docteur Gistal :*
Depuis que le docteur Gistal
Soigne des familles entières
On a démoli l'hôpital...
Et l'on a fait deux cimetières.

*

L'homme naît sans dents, sans cheveux et sans illusions, et il meurt de même, sans cheveux, sans dents et sans illusions.

**Jean Commerson**
(1802-1879)

J'aimerais mieux aller hériter à la poste que d'aller à la postérité.

*

J'ai toujours considéré une jeune veuve qui pleure son mari comme un bâton de bois vert qu'on a jeté en travers sur le feu : il pleure par un bout, quand le cœur est près de l'enflammer.

*

À son lit de mort, l'homme songe plutôt à élever son âme vers Dieu qu'à élever des lapins.

**Jules Janin**
(1804-1874)

Oraison funèbre pour son chien :
Glouton, coureur, méchant,
Lâche et galeux, en somme
Feu mon chien était presque
Un homme.

**Henri Monnier**
(1805-1877)

Un soldat doit
Être prêt à mourir
Pour sa patrie
Même au péril
De sa vie.

**Ausone de Chancel**
(1808-1876)

On entre, on crie,
Et c'est la vie.

On crie, on sort,
Et c'est la mort.

**Patrice de Mac-Mahon**
(1808-1893)

La fièvre typhoïde est une maladie terrible : ou on en meurt, ou on en reste idiot. J'en sais quelque chose : je l'ai eue.

**Alphonse Karr**
(1808-1890)

« Que pensez-vous de l'immortalité de l'âme ?

– Je n'y pense qu'une fois par an pour ne pas devenir fou ou imbécile. J'y ai pensé hier, revenez dans un an. »

*

Le docteur X, auquel la mort vient d'enlever un de ses clients, a reçu il y a quelques jours une fort belle montre en or.

Dans l'intérieur de la boîte, on a fait graver ces mots : « Au docteur X, les héritiers reconnaissants. »

*

La première partie de la vie se passe à désirer la seconde ; la seconde à regretter la première.

**Xavier Forneret**

(1809-1884)

Le cercueil est le salon des morts : ils y reçoivent des vers.

*

Malade, on voulut lui faire venir un médecin et il déclara : « Non, je veux un fossoyeur, car je déteste les intermédiaires. »

**Eugène Pelletan**
(1813-1884)

Dieu est-il mort ? Non, disent-ils.

Pour avoir le droit de mourir, il faut avoir vécu.

**Giuseppe Verdi**
(1813-1901)

Un écrivain disait à Verdi : « Ce n'est qu'après ma mort qu'on découvrira l'homme que j'étais !

– Tant mieux, tant mieux pour vous, à ce moment-là, vous ne risquerez plus rien. »

**Eugène Labiche**
(1815-1888)

Son épouse était si autoritaire qu'il avait rédigé son testament en commençant par ces mots : « Voici mes premières volontés... »

*

Dès que le cœur d'un grand homme cesse de battre, on donne son nom à une artère.

**Général Louis Trochu**
(1815-1896)

Cet officier a survécu à sa mortelle blessure.

**Alexandre Pothey**
(1820-1897)

Le lendemain de son mariage, un homme tua sa femme à son réveil. Moralité : la nuit porte conseil.

**Félix Tournachon, dit Nadar**
(1820-1910)

Dernières paroles du célèbre photographe : « Je sens venir tout de bon le moment de dire : ne bougeons plus. »

**Gustave Flaubert**
(1821-1880)

Ce qui me console de la vie, c'est la mort, ce qui me console de la mort, c'est la vie.

**Edmond et Jules de Goncourt**
(1822-1896) - (1830-1870)

Qu'est-ce que la vie ? L'usufruit d'une agrégation de molécules.

**Alexandre Dumas fils**
(1824-1895)

Celui qui se donne la mort est une victime qui rencontre son bourreau et qui le tue.

**Léon Tolstoï**
(1828-1910)

Quand j'aurai les trois quarts du corps dans la tombe, je dirai ce que je pense des femmes, puis je rabattrai vivement sur moi la dalle du caveau.

**Hippolyte Taine**
(1828-1893)

À force d'aller au fond de tout, on y reste.

**Fernand Desnoyers**
(1828-1869)

Proclamation contre Casimir Delavigne : « Il est des morts qu'il faut qu'on tue. »

**Henri Rochefort**
(1831-1913)

Si haut qu'on monte, on finit toujours par des cendres.

**Victorien Sardou**
(1831-1908)

Si vous avez à choisir entre demeurer avec votre belle-mère ou vous brûler la cervelle : n'hésitez pas, brûlez-la-lui.

**Ferdinand Dugué**
(XIX$^{e}$ siècle)

L'auteur Ferdinand Dugué était distrait. Son collaborateur Anicet Bourgeois venait de mourir. On lui demanda : « Viendrez-vous aux obsèques demain ? » Dugué : « Demain, je ne peux pas, mais après-demain, sûrement... »

**Jules Vallès**
(1832-1885)

La mort n'est pas une excuse.

**Aurélien Scholl**
(1833-1902)

D'un homme dont l'haleine était particulièrement forte, il déclara : « Je savais qu'il avait été exécuteur testamentaire, mais j'ignorais qu'il avait mangé le cadavre. »

*

Ah ! Mon cher ami, que je suis content de vous revoir. Imaginez-vous qu'on m'avait dit que vous étiez mort et il m'a été impossible d'aller à votre enterrement. J'espère que vous ne m'en voudrez pas.

**Mark Twain**

(1835-1910)

Le lit est l'endroit le plus dangereux du monde : quatre-vingt-dix pour cent des gens y meurent.

*

Lettre de recommandation :

Mon cher ami,

Je vous envoie M. Untel, faites ce qu'il vous demande ou tuez-le, cela m'est bien égal. Bien à vous.

P.S. : Si vous choisissez de le tuer, ayez la bonté de m'en informer pour que je puisse prévenir sa famille.

*

Faites attention, lorsque vous lisez des livres sur la santé, vous pourriez mourir d'une faute d'impression.

*

On pourrait citer de nombreux exemples de dépenses inutiles ; les murs des cimetières : ceux qui sont dedans ne peuvent pas en sortir, et ceux qui sont à l'extérieur ne veulent pas y entrer.

*

Un jour, mon berceau fut placé à côté de celui d'un autre enfant. L'un de nous deux mourut. Depuis, je ne sais plus lequel est vivant : lui ou moi ?...

*

Un journal annonce la mort de Mark Twain qui écrivit peu après : « Le bruit de ma mort me semble exagéré. »

*

Le fait de fumer m'a sauvé la vie. Figurez-vous, en effet, qu'à chaque fois que je vais mal, le médecin me supprime le cigare. Et je guéris ! Mon Dieu, où en serais-je si je n'avais pas fumé le cigare !...

*

Ordre de préséance des personnes à sauver en cas de naufrage d'un paquebot :

1. (En priorité.) Les jeunes filles, jeunes veuves et jeunes divorcées.

2. Les femmes mariées encore jeunes.

3. Les veuves fortunées (âge indifférent).

4. Les enfants (tout de même !).

5. Les citoyens comme vous et moi.

6. Les officiers, les banquiers et les ecclésiastiques.

7. Les percepteurs, douaniers et autres collecteurs de taxes.

8. Les sénateurs.

9. Les belles-mères.

10. Les maîtres d'hôtel de restaurants de luxe.

11. Les raconteurs d'histoires drôles dans les banquets.

12. Enfin, les maris des jeunes femmes mariées dont il est question au n° 2.

**Samuel Butler**
(1835-1902)

Chaque homme est immortel. Il peut savoir qu'il va mourir mais il ne saura jamais qu'il est mort.

**Joaquim Maria Machado de Assis**
(1839-1908)

Nous tuons le temps mais il nous enterre.

**Georges Clemenceau**
(1841-1929)

Les femmes vivent plus longtemps que les hommes, surtout quand elles sont veuves.

*

En parlant d'Aristide Briand :

« Même quand j'aurai un pied dans la tombe, j'aurai l'autre dans le derrière de ce voyou. »

*

Lorsqu'il était mourant, la presse publiait un bulletin de santé quotidien avec, un matin, cette coquille : « Le vieux persiste » au lieu de « Le mieux persiste ».

*

Sur la mort du président Félix Faure :

« Ça ne fait pas un Français en moins, mais une place à prendre. »

*

À propos de Georges Mandel :

« Il n'a pas d'idées, mais il les défendrait jusqu'à la mort. »

*

Un proche collaborateur de Georges Clemenceau venait de mourir. Un candidat à la succession lui dit : « Je suis tout prêt à prendre sa place.

– Entendu ! lui répondit Clemenceau, vous n'avez qu'à vous arranger avec les pompes funèbres ! »

*

Les cimetières sont pleins de gens irremplaçables, qui ont tous été remplacés.

*

Georges Clemenceau, durant les derniers jours de sa vie, disait à son médecin : « C'est bien entendu, n'est-ce pas ? Pour mes obsèques, je ne veux que le strict nécessaire.

– Mais, monsieur le président, qu'entendez-vous au juste par le strict nécessaire ?

– Moi. »

**Félix Faure**

(1841-1899)

Le directeur de *L'Aurore*, qui n'avait pas grande estime pour Félix Faure, le président disparu, disait de lui : « En entrant dans le néant, il a dû se sentir chez lui ! »

*

Félix Faure vient de mourir dans les bras de madame Steinheil. Un ministre accourt :

« Le président a-t-il sa connaissance ?

– Non, elle est sortie par la porte du fond. »

**Anatole France**

(1844-1924)

Les vieillards tiennent beaucoup trop à leurs idées. C'est pourquoi les naturels des îles Fidji tuent leurs parents quand ils sont vieux : ils facilitent ainsi l'évolution, tandis que nous en retardons la marche en faisant des académies.

**Jean Richepin**
( 1849-1926)

Si j'étais immortel, j'inventerais la mort pour avoir du plaisir à vivre.

**Oscar Wilde**
(1854-1900)

En découvrant les honoraires de son médecin, il déclara : « Docteur, je meurs au-dessus de mes moyens. »

*

Si la vie avait une seconde édition, ah ! comme je corrigerais les épreuves !

*

Les missionnaires, mon cher ! Ne voyez-vous pas que les missionnaires sont une nourriture dispensée par la Providence aux cannibales indigents et sous-alimentés ? Chaque fois qu'ils sont sur le point de mourir de faim, le Ciel, dans sa miséricorde infinie, leur envoie un gentil missionnaire dodu.

*

Perdre l'un de ses parents peut être regardé comme un malheur. Perdre les deux ressemble à de la négligence.

**Laurent Tailhade**

(1854-1919)

Il avait perdu un œil et recevait sans cesse des apitoiements. Il répondit un jour : « Enviez-moi au contraire, quand je mourrai, je n'aurai qu'un œil à fermer. »

**Alphonse Allais**

(1854-1905)

Il est très curieux de constater que, dans l'armée, les statistiques le prouvent, la mortalité augmente bizarrement en temps de guerre.

*

« À l'éternel féminin ! », comme disait le monsieur dont la belle-mère n'en finissait pas de mourir.

*

Allais composa une marche funèbre ; on n'y entendait que quelques soupirs car, disait-il, « les grandes douleurs sont muettes. »

*

Partir, c'est mourir un peu... mais mourir, c'est partir beaucoup.

*

Pourquoi les académiciens se disent-ils immortels, alors qu'ils ne dépassent jamais la quarantaine ?

*

Il ne faut pas croire que les suicidés sont les habitants de la Suisse.

*

À l'enterrement :

« Tous les religieux de son abbaye accompagnèrent le convoi dans l'ordre qui suit : le père Foreur commençait la marche ; venaient ensuite le père Suasif, le père Igor, le père Manant, le père Fide, le père Sévérant, le père Uquier, le père Nicieux et enfin le père Sécuteur. Le père Clus suivait de loin à cause de ses infirmités, de même que le père Pendiculaire, à cause de son grand âge. Lorsque le convoi fut arrivé, le père Sonnage fit retentir toutes les cloches, le père Messe commença le service, le père Soreille toucha de l'orgue et le père Pétuel joua du basson ; on chanta un hymne de la composition du père Vers et le père Oquet prononça l'oraison funèbre. Le soir, on donna un repas, où l'abbé Daine et l'abbé Gueule furent invités ; on les pria d'amener avec eux l'abbé Casse et l'abbé Cassine, sans oublier l'abbé Quée, l'abbé Trave et l'abbé Toine. L'abbé Tise et l'abbé Vue, qui n'avaient point été priés, s'y trouvèrent cependant, ainsi que d'autres amis du défunt, tels que l'ami Taine, l'ami Nute, l'ami Graine et l'ami Traille. Après souper, le père Sifleur joua du flageolet et l'abbé Attitude dansa une allemande avec une jeune dame polonaise. »

*

Il venait de toucher l'héritage d'un oncle : « Mon oncle et moi sommes entrés dans une vie meilleure. »

*

L'employé des pompes funèbres demandait à la veuve si on brûlerait son mari qu'on devait incinérer dans un four français ou dans un four italien : « Oh ! monsieur, le four français ! Mon mari ne pouvait pas sentir la cuisine italienne ! »

*

Je me suis toujours demandé si les gauchers passaient l'arme à droite.

**Robert de Montesquiou**
(1855-1921)

Les veufs pleurent le plaisir qu'ils avaient à tromper leur femme.

**George Bernard Shaw**
(1856-1950)

La mort ne m'impressionne pas, j'ai moi-même, en effet, l'intention bien arrêtée de mourir un jour.

*

L'avenir du théâtre est sombre. Shakespeare est mort. Molière est mort, et moi-même, je ne me sens pas très bien.

*

Mieux vaut finir sa vie dans les bras d'une femme que dans les deux bras d'un fauteuil.

*

Shaw qui était végétarien écrivait :

« La mort est préférable au cannibalisme.

« Mon testament contient des instructions pour que mes funérailles soient suivies non par des voitures de pompes funèbres mais par des troupeaux de bœufs, de brebis, de porcs, des cohortes de poulets et un petit aquarium à roulettes contenant des poissons vivants, tous portant une écharpe blanche en l'honneur de l'homme qui préféra mourir plutôt que de manger ses compagnons. »

**Elbert Hubbard**
(1856-1915)

Ne prenez jamais la vie trop au sérieux : de toute façon, vous n'en sortirez pas vivant.

**Alfred Capus**
(1857-1922)

Tout s'arrange dans la vie, même mal.

*

On lui demande : « De quoi est-il mort ? » Capus répond : « De toute façon, on ne savait déjà pas de quoi il vivait. »

*

L'autre jour, nous nous rendions au restaurant, un ami et moi, quand nous vîmes un malheureux étendu sur le bord de la route. Personne n'avait songé à lui porter secours. Eh bien, quand nous sommes sortis du restaurant, il était toujours là.

*

« Depuis combien de temps êtes-vous veuve ?

– Depuis douze ans.

– Est-ce que vous regrettez votre mari ?

– Pas encore. »

**Georges Courteline**
(1858-1929)

« Je veux être enterré avec une brosse à habits.

– Pourquoi ?

– Pour quand je tomberai en poussière. »

*

Si ma femme doit être veuve un jour, j'aime mieux que ce soit de mon vivant.

*

L'alcool tue lentement : on s'en fout, on n'est pas pressés.

*

On lui demanda : « Croyez-vous à la vie future ? » Courteline répondit : « J'y crois tous les jours où je suis malade. Je n'y crois pas les jours où je me porte bien. »

**Jerome K. Jerome**
(1859-1927)

« Il n'y a pas de bonheur parfait », dit l'homme quand sa belle-mère mourut et qu'on lui présenta la note des pompes funèbres.

**Lucien Guitry**
(1860-1925)

Hertz, le directeur d'un théâtre, se confiait à Lucien Guitry : « Maître, votre fils... m'a dit une chose affreuse : je n'irai pas à votre enterrement !

– Ah ! ce n'est pas gentil. Mais rassurez-vous, moi, j'irai ! »

**Jules Laforgue**
(1860-1887)

J'espère à l'éternullité.

**Maurice Maeterlinck**
(1862-1949)

La peur de la mort est l'unique source des religions.

*

Ils me font sourire ceux qui parlent sérieusement de leur avenir. Leur avenir est dans la tombe.

**Jules Renard**
(1864-1910)

Le comble pour un journaliste, c'est d'être à l'article de la mort.

*

Je vois très bien mon buste sur la place de l'ancien cimetière avec cette inscription : « À Jules Renard, ses compatriotes indifférents. »

*

« Il me doit encore quinze francs.
– Vous savez qu'il est mort ?
– Oh ! alors, je lui en fais cadeau. »

*

Il est si orgueilleux qu'il se suiciderait pour se rendre intéressant.

*

Scène possible. L'enfant est mort. La mère et le père sont en larmes. Mais l'amant prend la main de la femme, frappe sur l'épaule du mari et dit : « Allons, du courage ! Nous en ferons un autre. »

*

Je vous croyais mort ! Enfin, ce sera pour une autre fois...

*

C'est rudement commode, un enterrement. On peut avoir l'air maussade avec les gens : ils prennent cela pour de la tristesse.

*

Rien ne sert de mourir : il faut mourir à point.

*

Que de gens ont voulu se suicider, et se sont contentés de déchirer leur photographie !

*

Je commence, quand meurt un homme célèbre, à calculer ce qui me reste à vivre pour vivre autant que lui.

*

Si jamais une femme me fait mourir, ce sera de rire.

*

« Savez-vous nager ? » Jules Renard : « Juste assez pour me retenir de sauver les autres. »

*

La mort, ce serait le rêve si, de temps en temps, on pouvait ouvrir l'œil.

*

Je n'ai jamais eu la chance de manquer un train auquel il soit arrivé un accident.

*

Le grand avantage des médecins quand ils commettent une erreur, c'est qu'ils l'enterrent.

*

Sauf complication, il va mourir.

*

C'est si ennuyeux, le deuil ! À chaque instant, il faut se rappeler qu'on est triste.

*

Il a perdu une jambe en 1870, il garde l'autre pour la prochaine.

*

Je n'ai plus l'âge de mourir si jeune.

*

Quand je pense que si j'étais veuf, je serais obligé d'aller dîner en ville.

*

Quand on croit qu'il y aura beaucoup de monde à un enterrement, on y va, et ça finit par faire beaucoup de monde.

*

Il voyait le moins de personnes qu'il pouvait, afin de s'épargner le plus possible l'ennui des enterrements.

*

Un peu gêné tout de même de se marier si vite avec sa belle-sœur, il redouble de soins sur la tombe de sa femme. C'est la mieux entretenue du cimetière.

*

Un homme qui suit un enterrement demande à un autre monsieur : « Savez-vous qui est mort ?

– Je ne sais. Je crois que c'est celui qui est dans la première voiture. »

**Rudyard Kipling**
(1865-1936)

Lisant l'avis de son décès dans son journal :

« Monsieur le directeur,

« Comme vous êtes généralement bien informé, cette nouvelle doit être exacte. C'est pourquoi je vous prie d'annuler mon abonnement, qui ne me serait désormais d'aucune utilité. »

## Erik Satie
(1866-1925)

En août 1918, pendant les raids d'avions ennemis sur la capitale, Satie allait frapper à chaque alerte à la porte d'un de ses voisins et disait d'une voix sépulcrale : « Je viens mourir avec vous. »

*

Gravement malade, il est transporté en juin 1925 à l'hôpital Saint-Joseph. La femme d'un ami lui apporte un beau bouquet de fleurs dans sa chambre. Satie la regarde, perplexe : « Des fleurs, lui dit-il, mais, chère madame, c'est beaucoup trop tôt ! »

## Tristan Bernard
(1866-1947)

Tristan Bernard apprend que quelqu'un s'est tué : « Sait-on pourquoi il s'est tué ?

– On dit qu'il s'ennuyait beaucoup.

– Quelle drôle de façon de se distraire ! »

*

« Que pensez-vous de l'au-delà ?

– Je ne sais pas. J'ai déjà beaucoup à faire avec l'en deçà. Pourtant, si je vais au paradis, j'y serai bien à cause du climat, mais si je vais en enfer, j'y retrouverai beaucoup de relations. »

*

Secours à donner aux noyés (extrait) :

Lorsqu'un individu est tombé à l'eau, la première précaution est de s'assurer s'il est tombé volontairement ou non. S'il s'est jeté lui-même, ne lui portez pas secours :

1. parce que celui qui attente à sa vie est indigne de toute pitié ;

2. parce que si c'est son idée, mieux vaut ne pas le contrarier.

Au cas que cette chute soit due à un accident de canotage, s'abstenir de porter secours ; car le sinistré n'avait qu'à ne pas faire d'imprudence et ne pas se risquer sur l'eau sans savoir nager. Ainsi s'acquiert l'expérience.

Il est toujours mauvais de porter secours aux gens qui se noient ; dans leur angoisse ils s'attachent à vous, paralysent vos mouvements, et vous entraînent avec eux. Mieux vaut attendre qu'ils soient noyés à point ; alors, détacher un bateau de pêche et repêcher le corps, car il est alloué vingt-cinq francs par corps repêché. Enfin, il ne faut jamais donner à boire à un noyé.

*

Tristan Bernard accompagnait dans Paris un écrivain quelque peu imbu de lui-même. Passant devant la maison ornée d'une plaque où vécut Huysmans, il dit : « Je me demande ce que l'on inscrira au-dessus de ma porte après ma mort...

– Appartement à louer », murmura alors Tristan Bernard.

*

Le costume d'académicien coûte cher, trop cher, j'attends qu'il en meure un qui ait ma taille.

*

La mort, c'est la fin d'un monologue.

**Paul-Jean Toulet**
(1867-1920)

Le temps passe. Ah, si on pouvait le regarder passer. Mais hélas, on passe avec lui.

**Paul Claudel**
(1868-1955)

80 ans ! Plus d'yeux, plus d'oreilles, plus de dents, plus de jambes, plus de souffle ! Et c'est étonnant, somme toute, comme on arrive à s'en passer.

*

Je suis en pourparlers avec la mort, je pèse ses propositions.

**André Gide**
(1869-1951)

À la mort d'André Gide, on pouvait lire dans le journal *L'Humanité* qui ne l'appréciait guère : « C'est un cadavre qui vient de mourir. »

**Marcel Proust**
(1871-1922)

Pour une femme, tout événement, même un deuil, se termine par un essayage.

*

Passé un certain âge, la mort de nos proches est la seule manière dont nous prenons agréablement conscience de notre existence.

**Paul Valéry**
(1871-1945)

La mort nous parle d'une voix profonde, mais pour ne rien dire.

*

Les grands hommes meurent deux fois : une fois comme hommes, une fois comme grands.

**Paul Léautaud**
(1872-1956)

Si je deviens centenaire, je me lèverai chaque matin pour lire les faire-part nécrologiques des journaux, si mon nom n'y est pas, je retournerai me coucher.

*

On me demandait l'autre jour : « Qu'est-ce que vous faites ?

– Je m'amuse à vieillir, répondis-je. C'est une occupation de tous les instants. »

*

Dire qu'il faudra partir un jour, alors que tant de gens continueront à faire l'amour.

**Robert de Flers**
(1872-1927)

Robert de Flers venait de perdre un ami : « La seule chose qui me console un peu, c'est d'avoir tant de chagrin. »

**Édouard Herriot**
(1872-1957)

Maintenant que je suis vieux, lorsque je parcours un cimetière, j'ai l'impression de visiter des appartements.

**Charles Morellet**
(1873-1950)

Vieillir... On finit par n'avoir plus que soi à enterrer.

**Alfred Jarry**
(1873-1907)

Elle est claquée ! Tu penses bien que si elle m'avait légué sa fortune, j'aurais dit : « Elle est décédée. »

**Winston Churchill**
(1874-1965)

« Monsieur, si j'étais votre épouse, je mettrais du poison dans votre café.

– Madame, si j'étais votre mari, je le boirais. »

**Herbert Clark Hoover**
(1874-1964)

Tu n'es que poussière et tu retourneras à la poussière. (Texte adapté de la Bible.)

**Harry Jocelyn Clive Graham,**
**dit colonel D. Streamer**
(1874-1936)

Innocente plaisanterie :
Ce matin-là mon fils Gustave
Était d'humeur primesautière
Comme un passant lui demandait, l'air grave,
Un raccourci pour le cimetière
Le plus proche, ce farceur de Gus
L'a poussé sous un autobus.
J'ai vraiment bercé sur mon sein
Un véritable boute-en-train.

**Yves Mirande**
(1875-1957)

Je ne peux tout de même pas mourir pour mes idées, étant donné que je n'ai pas d'idées.

*

Lors des obsèques de Jules Berry, qui était amnésique et qui oubliait fréquemment les textes de ses rôles, Mirande déclara : « C'est bien la première fois qu'on honore sa mémoire ! »

*

Gravement malade, il recevait un ami comme lui passionné par le turf : « Je vais mieux, mais on me donnait déjà comme un partant probable. »

**Konrad Adenauer**
(1876-1967)

Visitant un zoo vers la fin de sa vie, le chancelier Konrad Adenauer fut séduit par les tortues et l'âge exceptionnel de 150 ans qu'elles pouvaient atteindre. Le propriétaire du zoo voulut lui en offrir une jeune en témoignage d'amitié et le chancelier lui répondit : « Je préfère que vous la gardiez ; vous savez ce que c'est : on s'attache à une bête et on est tout chagriné quand elle meurt ! »

**Léon-Paul Fargue**
(1876-1947)

Le métier de croque-mort n'a aucun avenir. Les clients ne sont pas fidèles.

*

Ayant reçu une lettre d'insultes comportant beaucoup de fautes d'orthographe, il répondit : « Monsieur, je suis l'offensé, j'ai le choix des armes, je choisis l'orthographe. Donc, vous êtes mort. »

**Francis Picabia**
(1879-1953)

Les hommes couverts de croix me font penser à un cimetière.

**Jean Giraudoux**
(1882-1944)

C'est un crime contre l'État, le suicide. Un suicidé, c'est un soldat de moins, un contribuable de moins.

*

Les seuls espaces libres sont les cimetières dont la superficie dépasse presque, dans Paris même, la superficie des jardins. Honneur à la ville qui prévoit plus d'oxygène pour ses morts que pour ses vivants.

**Georges Duhamel**
(1884-1966)

Les morts n'ont pas de voix, heureusement. Si les morts pouvaient se plaindre, quel cri, quelle clameur. On ne s'entendrait plus vivre.

**Pierre-Henri Cami**
(1884-1958)

Tout va bien, j'ai déjà un pied dans la tombe et comme je suis sourd, je n'entendrai pas venir ma dernière heure.

**Jean Paulhan**
(1884-1968)

J'espère vivre jusqu'à ma mort.

**Sacha Guitry**
(1885-1957)

Ces mains qui fermeront mes yeux et ouvriront mes armoires.

*

On apprenait à Sacha le décès d'un de ses amis. Il déclara : « Quelle terrible chose ! Quand je pense combien il m'admirait ! »

*

J'ai déchiré le testament que je venais d'écrire, il faisait tant d'heureux que j'en serais arrivé à me tuer pour ne pas trop les faire attendre.

*

Quand on aime une femme laide, il n'y a pas de raison que cela use. Au contraire, on l'aimera de plus en plus puisque, si la beauté s'altère avec le temps, la laideur, elle, s'accentue.

*

Sa mort l'a fait connaître, il peut revenir maintenant.

*

Après une maladie assez grave pendant laquelle Sacha Guitry n'avait pu se faire soigner par son médecin habituel parti en vacances, il dit à celui-ci à son retour : « Ah ! docteur. J'ai failli vous perdre. »

*

Nous avions un parent pour lequel mon père avait peu d'amitié. Le pauvre homme mourut un jour et nous l'avons accompagné jusqu'à sa dernière demeure qui était extrêmement éloignée de la précédente. Il avait fallu se lever de grand matin, il faisait extrêmement chaud et nous marchions depuis bientôt une heure, lorsque mon père se tourna vers moi et me dit, à voix basse, d'une inexprimable manière : « Je commence à le regretter ! »

**Jules Romains**
(1885-1972)

La santé est un état précaire qui ne laisse présager rien de bon.

**André Maurois**
(1885-1967)

La vie est courte, même pour ceux qui passent leur temps à la trouver longue.

**Louis Jouvet**
(1887-1951)

À François Périer : « Si Molière voyait comment tu joues Dom Juan, il se retournerait dans sa tombe. »

Réplique de Périer : « Comme vous l'avez joué avant moi, ça le remettrait en place ! »

*

Si l'administration était bien faite, il n'y aurait pas de soldat inconnu.

**Jean Cocteau**
(1889-1963)

Si tu ne veux pas que je meure, ne me parle pas de cyprès.

**Groucho Marx**
(1890-1977)

Je désire être incinéré et je veux que dix pour cent de mes cendres soient versées à mon imprésario.

*

Ou cet homme est mort, ou ma montre est arrêtée.

**André Birabeau**
(1890-1974)

Les avares font leur testament de mauvaise grâce. Ils n'aiment pas donner, même ce qu'ils ne posséderont plus.

*

Comme il faut que je l'aime, pense-t-elle, pour que je souhaite qu'il se tue, si je mourais !

*

Mourir c'est à la fois quitter la terre et y pénétrer.

**Jean Paul Getty**
(1892-1976)

Demandez-moi tout ce que vous voulez, sauf de l'argent : c'est le seul souvenir que m'ait laissé mon pauvre père.

*

« Patientez, je suis vieux et malade, bientôt vous viendrez danser sur ma tombe. » L'employé : « Pas de danger, j'ai horreur de faire la queue. »

**Pierre Dac**
(1893-1975)

La mort n'est, en définitive, que le résultat d'un défaut d'éducation puisqu'elle est la conséquence d'un manque de savoir-vivre.

*

Mourir en bonne santé, c'est le vœu le plus cher de tout bon vivant bien portant.

*

On ne meurt pas toujours d'inanition, mais toujours intégralement d'inhumation.

*

Le pays où il n'y a pas de tombeaux est un pays de cannibales.

*

Petite annonce de *L'Os à moelle* :

« Directeur pompes funèbres cherche personnel ayant le sens de l'humour, connaissant particulièrement la mise en boîte. »

**Jean Rostand**
(1894-1977)

On tue un homme, on est assassin. On tue des millions d'hommes, on est un conquérant. On les tue tous, on est un Dieu.

*

La mort est un processus qui gagne de proche en proche.

**Louis Ferdinand Destouches, dit Céline**
(1894-1961)

Invoquer sa postérité, c'est faire un discours aux asticots.

**Marcel Pagnol**
(1895-1974)

Qu'est-ce qu'ils ont tous à pleurer autour de mon lit... C'est déjà bien assez triste de mourir... S'il faut encore voir pleurer les autres !

**Henry Millon de Montherlant**
(1895-1972)

La jeunesse se passe à faire croire qu'on est un homme. L'âge adulte à faire croire qu'on est heureux quand on ne l'est pas. La vieillesse à faire croire qu'on n'est pas gâteux quand on l'est.

*

On dirait quelqu'un qui a oublié de se faire enterrer.

**Noël Coward**
(1899-1965)

Noël Coward apprend que quelqu'un s'est tiré une balle dans la tête, il dit : « C'est incroyable, comment a-t-il pu réussir à viser une tête si minuscule ? »

**Jorge Luis Borges**
(1899-1986)

Répondant à un journaliste : « Que voulez-vous que je dise de moi ? Je ne sais rien de moi ! Je ne sais même pas la date de ma mort. »

**Marcel Achard**
(1899-1974)

On ne vit qu'une fois ! Et encore !

*

Malheureusement, pour être mort, il faut mourir.

**Jacques Prévert**
(1900-1977)

Si quelqu'un vous dit : « Je me tue à vous le dire », laissez-le mourir.

*

Il est mort, alors pourquoi irais-je à son enterrement, puisque je suis sûr qu'il n'ira pas au mien ?

*

Bien sûr, j'ai pensé parfois mettre fin à mes jours, mais je n'ai pas su par lequel commencer.

*

Comme cela nous semblerait flou, inconsistant et inquiétant, une tête de vivant, s'il n'y avait pas une tête de mort dedans.

*

Ô Raison Funèbre !

**Henri Jeanson**
(1900-1970)

Sans la police, tout le monde tuerait tout le monde, et il n'y aurait pas de guerre.

*

Une jeune comédienne lui demande un jour : « J'ai lu sur la couverture : "Les derniers jours de Pompéi", de quoi est-il mort ? » Jeanson répondit : « Des suites d'une éruption. »

*

Un livre posthume est presque toujours une œuvre que l'on a eu tort de ne pas enterrer avec son auteur.

*

Peur de la mort... Pourquoi craindre l'inévitable ?

D'ailleurs, j'étais déjà mort en 1610 puisque je n'existais pas.

Je ne m'en portais pas plus mal.

*

Philippe Henriot a été tué par des résistants, en 1944.

À la radio, un milicien déclara : « Une grande voix s'est tue » et Jeanson écrivit : « Oui, mais la voix de son traître. »

*

La vie : une course contre la mort... Le meilleur ne gagne pas.

*

Il refuse un duel : « Vous n'allez pas tuer un lâche. »

**Robert Desnos**
(1900-1945)

Le plaisir des morts est de moisir à plat.

**Alexandre Breffort**
(1901-1972)

Ses parents étaient très pessimistes sur son avenir : « S'il continue, il mourra de faim sur l'échafaud ! »

**Alexandre Vialatte**
(1901-1971)

L'homme n'est que poussière, c'est dire l'importance du plumeau.

*

« Moi, la mort, ça me dérange tout de même, me dit un jour une vieille dame (qui est morte depuis), je n'aime pas changer mes habitudes. »

**Claude Aveline**
(1901-1992)

Qu'est-ce que la mort ? Un mauvais moment à trépasser.

**Jean Tardieu**
(1903-1995)

Immobilier (extrait) :

À céder, en toute propriété, sans limite de temps, charmant pavillon à la campagne dans un parc clos de murs...

... animé de cloches et chants d'oiseaux pendant le jour, silence total la nuit.

Regrets perpétuels.

**Vladimir Jankélévitch**
(1903-1985)

Chaque repas que l'on fait est un repas de moins à faire.

**Raymond Queneau**
(1903-1976)

À
la
postérité

J'y dis merde et remerde
et reremerde.

**Salvador Dalí**
(1904-1989)

Il y a des jours où je pense que je vais mourir d'une overdose de satisfaction.

**Léo Campion**
(1905-1992)

Mourir : occasion posthume de faire parler de soi.

*

Il faut bien que tout le monde vive... Et comme il faut bien que tout le monde meure, ça fait la moyenne.

*

Dès qu'on dit feu Untel, c'est qu'Untel s'est éteint.

*

Se faire enterrer un vendredi 13 ! Il faut vraiment ne pas être superstitieux.

*

On peut être condamné à mort, c'est-à-dire être assassiné au nom de la justice. Et être ainsi, en toute légalité, crucifié, brûlé vif, lapidé, empalé, étranglé, décapité, écartelé, ébouillanté, garrotté, asphyxié, mis au pilori, fouetté, roué, écorché, emmuré, bastonné, lynché, noyé, pendu, fusillé, guillotiné, électrocuté.

J'en passe et des pas meilleures.

*

À quoi pensent les braves gens
Qui suivent les enterrements
En affichant avec constance
Une gueule de circonstance ?

Les héritiers, la larme à l'œil,
Pensent à leur part d'héritage.

Les dames qui portent le deuil
Pensent que le noir avantage.

Pour ne pas être pris de court
Celui qui va faire un discours
Vantant du défunt le notoire
Pense à épater l'auditoire.

Pour faire entrer des picaillons
Le curé pense augmenter vite
Le prix du coup de goupillon
Vu la hausse de l'eau bénite.

Le « m'as-tu-vu » met tout son art
À avoir assez de retard
Pour qu'on remarque sa présence
Et pense à soigner sa prestance.

L'avare pense à ses écus.
Le cocu pense à ses déboires.

Le noceur pense à un beau cul.
Le croque-mort pense au pourboire.

Les chevaux du corbillard, eux,
Pensent que tout est pour le mieux
Pour eux, chevaux-vapeur tranquilles
D'un corbillard automobile.

Ceux dont le chagrin n'est pas feint
Pleurent comme une vraie greluche
En pensant à leur cher défunt
Qui d'ores et déjà trébuche
Parmi les bonnes intentions
Dont l'enfer est pavé, dit-on.

Quant au mort, la question se pose,
Le mort pense-t-il à quelque chose ?
Ce n'est pas lui qui le dira ;
Patience : qui mourra verra...

**Louis Scutenaire**
(1905-1987)

Chaque fois qu'il y a un type qui meurt, ce n'est jamais le même.

*

Il y a des gens à qui la mort donne une existence.

**Samuel Beckett**
(1906-1989)

Le seul sport que j'aie pratiqué, c'est de suivre les enterrements à pied.

**Maurice Chapelan**
(1906-1992)

La mort des autres, amis ou proches, est déjà si ennuyeuse, sans parler du chagrin, que la nôtre en comparaison ne nous paraîtra rien du tout.

**Pierre Lazareff**
(1907-1972)

Ce n'est pas vraiment que j'ai peur de mourir. Mais j'ai tellement peur de m'ennuyer quand je serai mort.

**Simone de Beauvoir**
(1908-1986)

À propos de la mort de François Mauriac à 85 ans : il a bien l'âge de mourir. La mort d'un vieillard, à peine une mort.

**Stanislaw Jerzy Lec**
(1909-1966)

Le fait qu'il soit mort ne prouve pas qu'il ait vécu.

*

Pendant qu'on le torturait, il n'arrêtait pas de se pincer. « Pourquoi ? », demanda le bourreau. « Je vérifie si je ne suis pas en train de faire un cauchemar. »

**Roger Judrin**
(1909-2000)

Le livre d'une vie est d'autant plus noir que les pages en sont blanches.

*

Ignorez-vous que, dans le dernier voyage, il n'y a pas de voyageur ?

*

Dans les jeunes étreintes on a peur de donner la vie ; dans les dernières, on redoute de donner la sienne.

**Jean Anouilh**
(1910-1987)

Le célibataire vit comme un roi et meurt comme un chien, alors que l'homme marié vit comme un chien et meurt comme un roi.

**Émile Michel Cioran**
(1911-1995)

Devant cet entassement de tombes, on dirait que les gens n'ont d'autre souci que de mourir.

**Gilbert Cesbron**
(1913-1979)

Il ne lui restait plus de famille, seulement un caveau.

*

La mort ferme les yeux des morts et ouvre ceux des survivants.

**Yvan Audouard**
(1914-2004)

Il avait échoué à son permis de conduire. Le permis d'inhumer lui a été accordé au premier coup de volant.

*

Mourir pour ses idées ne prouve pas qu'elles soient bonnes.

**Roland Devaux**
(né en 1914)

Testament : plantez-moi un saule au cimetière. Que j'aie au moins quelqu'un pour pleurer sur ma tombe !

*

Mourir en beauté, c'est un luxe qu'on ne peut plus vraiment se permettre à partir d'un certain âge.

**Romain Gary**
(1914-1980)

Quand on se fait vieux, on se réveille chaque matin avec l'impression que le chauffage ne marche pas.

## André Frédérique

(1915-1957)

Couronnes :

– À notre père affectionné.

– Au patron des Bobineuses.

– Ses frères et sœurs unis pour une fois dans la douleur.

– La propriétaire du 144 *ter*.

– À notre client fidèle, Les Docks du centre.

– Ceux du 46^e^ Chasseurs, On les aura.

– Le garçon des Quatre fils de La Rochelle.

– La bonne des Quatre sergents Aymond.

– Offert par les hauts spéculateurs du Vivarais.

– À mon beau-père sans rancune.

– La patronne du Moulin fleuri.

– L'inconnue de la porte Brancion.

– Un groupe de vagabonds belges.

– Acceptez cette couronne de l'abbé Gasparus.

– À notre président, l'Association des colombophiles catholiques de la Seine.

– À notre trésorier, Les Amis de Luther.

– À notre secrétaire, La Libre Pensée du blanc.

– Avec les excuses des familles Béchamel et Mouton.

– Offert par une délégation de gros industriels de Barcelonnette.

– Avec nos pleurs de forcelaine. Un farceur.

– Ce modeste bouquet, don de l'ouvreuse du Kursaal clichois.

– À mon premier mari.

– À mon second mari.

– À notre mari, un groupe de veuves.

– Un des gentlemen qu'il obligea un soir à Karikal.

– Du mimosa comme il aimait.

– Les phlox qu'il adorait.

– Les *Angrecum sesquipedale* dont il raffolait.

– Regrets éternels du cocher de Fidèle au poste et de Coquette.

– Pour qu'il revive dans la table, une spirite.

– Couronne lavable offerte par la femme de ménage.

– À bientôt, Louisa.

– En souvenir d'une joyeuse baignade en Marne avec Louis Veuillot.

– Un bouquet en cire, façon naturelle, avec un Jésus décoré, marqué à ses initiales P.Q.

– Trois petites couronnes en bois flotté à déposer en triangle sur la dalle offerte par la Compagnie de Jéhu.

– Un superbe bouquet en perles mauves rehaussées d'un ruban grenat portant ces mots : *Ad aeternam*.

– Une rondelle de carton bourrée de paille mais le cœur y est.

– Une jardinière de pétunias en pleine terre dans un vase circulaire antirouille.

– La bouée de la *Marie-Jeanne* cloutée de pâquerettes, offerte avec intention symbolique et bretonne par le patron Cloarec.

– Un soleil pyrotechnique destiné à être allumé à la nuit tombante au cimetière, offert par les sœurs de Barbaud.

– Un massif d'immortelles piquées en rotonde au sommet d'un chapeau de prêtre dont la calotte a été peinte recto et verso aux trois couleurs de la France immortelle, offert par le général de Montmirail.

– Un couvercle de garde-robe verni et propre sur lequel ont été collées les premières ombres chinoises de Caran d'Ache retraçant l'épopée de l'empereur Napoléon Bonaparte.

– Une immense couronne contenant le cadavre offerte en prime par la fleuriste, madame Brissot, qui exécuta la commande.

Et n'oublie pas de remercier tous ces messieurs dames qui voulurent bien lui faire confiance.

Et s'excuse de la présence de la petite couronne de gauche sur laquelle on peut lire : « À ma nièce », due à l'erreur de messieurs les imprimeurs rubaniers plutôt qu'à la malveillance.

*

Géo L'Hoir propose à André Frédérique qui venait de perdre son père de lui changer les idées en l'emmenant au cinéma. André Frédérique lui répondit : « D'accord, mais pas de film en couleurs, je suis en deuil. »

*

Les noyés ont tout l'océan pour eux.

*

Exercices de logique :

Un homme qui serait mort mais qui ne serait pas né.

Un homme qui naîtrait après sa mort.
Un homme qui mourrait en naissant mais qui ne naîtrait pas en mourant.
Un homme qui ne mourrait pas.
Un homme qui naîtrait une fois sur deux.
Un homme qui mourrait quelquefois.
Un homme qui n'arrêterait pas de naître.
Un homme qui ne finirait pas de mourir.
Un homme qui naîtrait de sa belle mort.
Un homme qui naîtrait au-dessous de la ceinture et qui mourrait au-dessus.
Un homme qui ne serait ni né ni mort.
Cet homme-là n'est pas encore né.

**Chaval**
(1915-1968)

Un au-delà ? Pourquoi pas ?
Pourquoi les morts ne vivraient-ils pas ?
Les vivants meurent bien !

*

Le grand-père qui revient à la vie :

Quand votre grand-père est en train de mourir, vous installez sans faire de bruit votre petite caméra à environ 1,80 m du chevet du brave homme, vous éclairez avec une ou deux *photofloods* voilées de crêpe Georgette et vous tournez doucement jusqu'à la fin. Le film une fois développé, il vous suffira de l'inverser dans le projecteur pour voir votre grand-père passer du trépas à la vie, à la grande joie de la famille étonnée.

*

L'architecte :

La bonne de l'architecte vint dire à son patron qu'un M. Augereau désirait le voir le plus rapidement possible. « Priez-le d'attendre un moment », répondit l'architecte qui était en train de déjeuner. Une demi-heure plus tard, l'architecte reçut M. Augereau. Celui-ci lui demanda le plan d'un immeuble qu'il avait construit trois ans plus tôt. « Monsieur, lui dit l'architecte, puis-je savoir pourquoi vous désirez ce plan ? » M. Augereau lui apprit que son bébé, âgé de quelques mois, était tombé dans le vide-ordures et que le plan serait utile pour pratiquer des ouvertures dans la maçonnerie aux endroits où l'enfant était supposé avoir été arrêté.

L'architecte s'étonna que M. Augereau n'ait pas appelé police secours. M. Augereau lui dit qu'il avait envoyé un pneu à cet organisme qui, au bout de quatre jours, lui avait répondu qu'il fallait s'adresser d'abord au gérant de l'immeuble. Ce dernier répondit presque par retour que l'on ne pouvait rien faire sans le plan et que c'était pour cette raison qu'il s'était permis de lui écrire pour lui demander un rendez-vous. Il ajouta qu'il était arrivé un peu en avance en raison de l'urgence de la situation.

« En effet, dit l'architecte, c'est très urgent et il est à craindre que votre bébé n'ait faim.

– Faim ? Je ne crois pas, dit M. Augereau, car nous lui avons versé plusieurs litres de lait pasteurisé et il a bien dû en avaler un peu, au moins de quoi tenir jusqu'à l'arrivée des maçons.

– Vous pensez que cet enfant ne s'est pas blessé dans sa chute ? demanda l'architecte.

– Les journaux disent que non, répondit M. Augereau.

– Dans ce cas, rien ne presse, dit l'architecte. Je suis moi-même père de famille et je dois justement conduire ma femme et mes enfants à La Baule demain. Je ne resterai qu'un jour avec eux et serai de retour ici mercredi prochain. Entre-temps j'aurai fait rechercher le plan de l'immeuble par mon secrétaire à qui vous pourrez téléphoner dès jeudi matin ; je crois qu'on ne peut faire mieux. »

M. Augereau remercia l'architecte et s'en fut, soulagé.

*

Vive la mort (fragment) :

On a du mal à imaginer que ceux qui ne sont pas encore au monde ont une existence terrestre. Alors pourquoi ceux qui quittent la vie en auraient-ils une ?

**Claude Roy**
(1915-1997)

Ne pouvant plus supporter l'idée de la mort, il se tue.

**André Frossard**
(1915-1995)

Il faudra absolument trouver une explication à la création de l'homme. Rien, en effet, n'est plus agaçant comme de n'avoir jamais eu de commencement, et d'avoir tout de même une fin.

**René de Obaldia**
(né en 1918)

Dieu :

La cour interrogea le criminel : « Pourquoi assassinez-vous systématiquement des vieillards à barbe ? »

L'accusé ôta sa veste et déchira sa chemise. Sur son torse profondément tatoué, un Christ en croix agonisait.

Il répondit d'une voix ferme : « Nous avons eu le fils. On finira bien par avoir le père ! »

**Jean L'Anselme**
(né en 1919)

Toutes les bonnes choses ont une fin. Sauf les saucisses, qui en ont deux.

*

Mon père m'ayant quitté dès mon plus jeune âge, j'ai douté depuis du père éternel.

**Alain Bosquet**
(1919-1998)

J'ai dépensé ma vie : il ne me reste plus un sou pour une mort décente.

**Pierre Doris**
(né en 1919)

C'est très beau un arbre, dans un cimetière. On dirait un cercueil qui pousse.

*

« Je m'éteins ! » dit le pompier avant de mourir.

*

Dernières paroles d'un artiste sur son lit de mort : « À quelle heure je passe ? »

*

J'ai connu un teinturier qui est mort à la tâche.

*

Aux dernières étrennes, j'ai offert une chaise à ma belle-mère. Aux prochaines, je la ferai électrifier.

*

« Ah ! ma femme, si vous saviez, c'est un ange !

– Félicitations ! La mienne est encore en vie. »

*

Les morts ont de la chance : ils ne voient leur famille qu'une fois par an, à la Toussaint.

**Michel Audiard**

(1920-1985)

La mère : « Tu me feras mourir de chagrin. »

Le fils : « Eh bien tant mieux ! Comme ça, on ne trouvera pas l'arme du crime ! »

**Jean Dutourd**
(né en 1920)

Il faut vivre vieux, et même très vieux, et même excessivement vieux. Ainsi, on a le plaisir, au fil des années, d'enterrer les gens qui se moquent de vous.

**Jeanine Moulin**
(née en 1920)

On mourra, de quoi ?
D'avoir vécu, pardi !
Et de quoi aura-t-on vécu ?
D'attendre qu'on meure, que diable !
Alors, à quoi tout cela rimait-il ?
Mais à rien. Il n'y a que la poésie qui rime.
Et encore...

**Boris Vian**
(1920-1959)

Un mort, c'est bien. C'est complet. Ça n'a pas de mémoire. C'est terminé. On n'est pas complet quand on n'est pas mort.

**Henri Viard**
(1921-1989)

À la suite de l'annonce de sa mort par *Le Figaro*, due à une méprise basée sur une homonymie avec le critique gastronomique Henry Viard, le romancier et scénariste Henri Viard a envoyé un rectificatif au journal, s'achevant ainsi : « Ceci est une prière d'insérer, non d'incinérer. »

(Extrait du magazine *Lire*.)

**Francis Blanche**
(1921-1974)

Je suis plus intéressé par le vin d'ici que par l'eau de là.

*

La plus belle mort, c'est d'être tué à 80 ans d'un coup de revolver par un mari jaloux.

*

Je n'ai jamais tué que le temps qui passait.

*

Il n'y a plus de nos jours que deux sortes de piétons : les rapides et les morts.

*

Le malchanceux, c'est celui qui prépare tranquillement un nœud coulant dans un bois pour se pendre et qui se fait arrêter par le garde champêtre pour pose illicite de collet.

**Lucienne Desnoues**
(1921-2004)

Au passage d'un convoi funèbre :
« Encore un de plus ou de moins.
– Eh oui ! encore un de moins de plus. »

**José Millas-Martin**
(né en 1921)

Double taxe pour les restes humains incinérés :

Les Luxembourgeois n'ont pas de crématorium. Certains ont recours à celui de Strasbourg.

Mais les douaniers veillent.

Ceux de France classent l'incinération comme un service rendu à une personne privée. Donc, TVA.

Au retour, ceux du Luxembourg renchérissent. Il s'agit, pour eux, d'un travail confié à une entreprise étrangère avec réimportation du produit fini. Donc, TVA *(bis)*.

**Frédéric Dard**
(1921-2000)

Il était si vieux qu'il avait l'air d'un oubli.

**Chanoine Desgranges**
(XX^e siècle)

Jésus est encore le seul à avoir eu la croix et à n'avoir jamais demandé la rosette.

**André Ruellan**

(né en 1921)

Manuel de savoir-mourir :

Devenir une momie vous assimile dans une large mesure aux bâtisseurs des pyramides, ce qui flatte votre postérité.

Quand un homme est enterré vivant, il n'y a que lui qui en soit informé, ce qui fausse à la fois l'optimisme et les statistiques.

Il se mit à penser à un cimetière de grandes dimensions, et compta les croix pour s'endormir. Mais les morts ne dorment pas. Il découvrit qu'il était en route pour une très longue insomnie.

La main-d'œuvre zombie ne réclame aucun salaire et l'on peut la faire se tuer au travail sans risque de la faire mourir.

De quelque manière qu'on envisage les événements, on arrive à la même évidence : nous sommes tous partis pour y rester.

**Raymond Devos**
(1922-2006)

Je crois à l'immortalité et pourtant je crains bien de mourir avant de la connaître.

**Jacques Sternberg**
(1923-2006)

Inscription qu'il
Souhaite « voir »...
Graver sur sa tombe :
« Au secours ! »

*

La vie est assez facile à définir dans son ensemble : une interminable addition de soustractions.

*

Inquiétant, mais vrai : sur les 80 milliards d'individus qui ont déjà fréquenté notre Terre au cours des siècles, aucun n'a survécu.

**Noctuel**
(né en 1923)

Comment ne pas répondre d'une voix mourante, quand on vous parle avec une extrême onction !

**François Cavanna**
(né en 1923)

Les druides étaient capables de lire l'avenir d'un homme dans ses propres entrailles. Ils ne se trompaient jamais.

*

Une enquête récente a démontré que quatre-vingt-dix pour cent des enterrés vivants reprennent conscience dans le corbillard qui les emporte vers le cimetière, mais ils n'osent rien dire de peur d'avoir l'air ridicule.

*

On mange, on travaille, on baise, on aime, on se saoule, on hait, on fait son salut, on philosophe, on laisse un nom dans le dictionnaire, on se meuble avec goût, on fait du sport pour rester jeune, on arme son esprit, on se met du rouge pour rester belle. On se ment. La vérité, la voici : toute vie qui sait qu'elle doit finir n'est qu'une longue agonie.

**Piem**
(né en 1923)

J'aime me promener dans les cimetières après la messe, je suis en quelque sorte en posthume du dimanche.

**François Caradec**
(né en 1924)

Y a pas seulement cent ans, on mourait plus jeune de vieillesse.

*

Je vous assure que de ne pas avoir son permis de conduire, c'est une preuve de courage : on vous donne toujours la place du mort.

**Jicka**
(1925-2005)

Paix à mes cendres.
Prière de ne pas éternuer.

**Comtesse Véra de Talleyrand**
(XXe siècle)

On passe sa vie à dire adieu à ceux qui partent, jusqu'au jour où on dit adieu à ceux qui restent.

**Jean Aillaud**
(né en 1926)

Mourir est le seul verbe qui se conjugue au passé décomposé.

**José Artur**
(né en 1927)

Je suis un inquiet perfectionniste, je serai toujours inquiet. Le jour de mon enterrement, je voudrai l'organiser. J'aurai même peur d'être en retard.

*

Un orphelin qui vient de perdre son dernier parent a le privilège de remercier des lettres de condoléances par : « Toute la famille est désormais dans l'impossibilité de se joindre à moi pour... »

**Serge Gainsbourg**
(1928-1991)

Ne m'enterrez pas en grande pompe, mais à toute pompe.

**Louis Nucera**
(1928-2000)

La vie est une maladie de la mort.

**Louis Calaferte**
(1929-1994)

Je suis du bois dont on fait les cercueils.

**Philippe Bouvard**
(né en 1929)

Je préfère une petite bénédiction égrenée rapidement sur la tombe à un long service qui, dans une église pas chauffée, prépare fatalement d'autres enterrements.

*

Je rêve parfois de prendre, sur le plan des articles et des émissions, une avance telle qu'elle me permettrait de me manifester dans mes supports habituels plusieurs mois après ma disparition.

*

C'est triste de se retrouver pour l'éternité dans une travée du Père-Lachaise en compagnie de gens avec lesquels on n'aurait même pas passé un week-end.

*

La mort, on y va toujours seul, accompagné jusqu'au bout par un tas de gens qui vous disent : « Ce n'est rien, on vous suit. » Mais quand on se retourne, au seuil de l'éternité, il n'y a plus personne.

*

Le suicide est l'acte désespéré d'un être qui ne fait plus confiance ni aux médecins, ni à la guerre, ni aux transports, ni à la nature.

*

Pour être admirable, la famille devrait être désintéressée. Mais, pour être viable, elle doit s'appuyer sur une communauté d'intérêts. Or, qu'est-ce qu'un héritage potentiel sinon une affection en viager ?

*

Un jour viendra où, grâce aux progrès de la science, les riches essaieront de payer ceux qui n'ont pas de quoi vivre pour qu'ils meurent à leur place.

*

Bien qu'à mon enterrement mes yeux seront clos, je ne veux pas y voir n'importe qui.

*

Une remise de décoration est l'instant privilégié entre tous où un homme en bonne santé peut entendre en avant-première le tombereau d'amabilités qu'on déversera plus tard sur son cercueil.

*

Ce qu'il y a de plus terrible dans la mort, c'est de ne pas pouvoir aller à ses rendez-vous du lendemain.

**Robert Lassus**
(né en 1930)

Je suis dans la fleur d'un âge qui commence à sentir le chrysanthème.

**Jean-Paul Grousset**
(né en 1930)

Notre Père qui êtes osseux.

*

L'Arctique de la mort.

*

Une entreprise de bombes funèbres.

*

Suivez le veuf.

*

Que d'os, que d'os !

*

Hardi, les glas !

*

Décrocher la tombale.

**Georges Wolinski**

(né en 1934)

L'immortalité engendre la paresse parce qu'un immortel remet toujours au lendemain ce qu'un mortel aurait fait le jour même.

*

Je n'aime pas les enterrements et j'ai décidé que je n'irai plus qu'au mien.

*

J'ai pris la dernière douche
J'ai vu le dernier oiseau
J'ai vu le vent agiter la dernière branche
J'ai lu le dernier livre
Je n'ai pas cueilli la dernière fleur
J'ai couru pour la dernière fois
J'ai regardé la dernière fourmi
J'ai caressé la dernière femme
La dernière plaisanterie ne m'a pas fait rire

J'ai pris le dernier train
J'ai bu le dernier verre
J'ai poussé le dernier soupir.

**Guy Bedos**
(né en 1934)

Ceux qui pensent au suicide sans se suicider ressemblent à des allumeurs morbides.

*

Pour ne pas faire souffrir tous ceux que j'aime, si je sens ma mort venir, je saurai être assez odieux pour qu'on ne me regrette pas.

**Woody Allen**
(né en 1935)

Je ne cherche pas l'immortalité pour l'œuvre, je cherche l'immortalité en m'abstenant de mourir.

*

Bien que je ne croie pas à une vie future, j'emporterai quand même mes vêtements de rechange et un peu d'argent de poche. Partout où l'on va, l'argent est préférable à la pauvreté, ne serait-ce que pour des raisons financières.

*

Je tiens beaucoup à ma montre, c'est mon grand-père qui me l'a vendue sur son lit de mort.

*

Mon premier film était si mauvais que, aux États-Unis, dans sept États, on l'utilise pour remplacer la peine de mort.

*

Je préfère l'incinération à l'enterrement et les deux à un week-end avec ma famille.

*

Question :

« Dans cent ans, qu'aimeriez-vous que l'on dise de vous ? »

Woody Allen : « J'aimerais que l'on dise : il se porte bien pour son âge. »

*

Et si tout n'était qu'illusion ? Si rien n'existait ? Dans ce cas, j'aurais payé ma moquette beaucoup trop cher.

*

Si un homme était immortel, réalisez-vous ce que serait sa note de boucher ?

**Roland Guyard**

(né en 1935)

Candidats au suicide par pendaison !
Ne comptez que sur vous-mêmes.
Ne dépendez pas des autres !

*

Les noyés remontent toujours à la surface. Trop tard en général.

## Jean Kerleroux
(né en 1936)

La mortalité a beaucoup baissé dans nos sociétés, mais l'immortalité n'a fait aucun progrès.

*

J'ai raté ma vie et néanmoins, j'suis sûr que la mort ne me ratera pas.

## Popeck
(né en 1936)

Âgé de 90 ans et mourant, Lévy, célèbre boursier, reçoit la visite de son ami, le rabbin Kahn, venu lui soutenir le moral en lui disant : « Vous vivrez jusqu'à 100 ans. »

Et Lévy répondit : « Pourquoi voulez-vous que Dieu prenne à 100 ce qu'il peut avoir à 90 ? »

**Jean-Pierre Desclozeaux**

(né en 1938)

La mort, c'est dur, mais bien moins qu'un caillou dans les lentilles.

**Pierre Desproges**

(1939-1988)

Suicidez-vous jeune, vous profiterez de la mort.

*

Au paradis, on est assis à la droite de Dieu ; c'est normal, c'est la place du mort.

*

Noël au scanner, Pâques au cimetière.

*

Le 19 juin 1986, le comique français Michel Colucci attaque un camion à coups de tête sur la départementale 3.

*

L'amanite phalloïde a mauvaise réputation. C'est pourtant l'un des rares champignons qui soit capable d'abréger les souffrances des myopathes.

*

Dicton : plus cancéreux que moi, tumeur !

*

Ce qu'il y a de réconfortant dans le cancer, c'est qu'un imbécile peut attraper une tumeur maligne.

**Jacques Pearon**
(né en 1942)

Le monde est pourri :
Tout vous est compté
Rien absolument rien
Ne vous appartient
Même à la fin
Il faut rendre son dernier souffle.

**Jacques Dutronc**
(né en 1943)

La vie, c'est faire semblant de ne pas être mort.

**Olivier de Kersauson**
(né en 1944)

Quand un marin se baigne, c'est toujours pour la dernière fois.

*

Écartelé : le voici donc plus grand mort que vivant.

*

Je préfère les vieux aux jeunes. A-t-on, en effet, déjà hérité d'un jeune ?

*

Il disait être de bonne composition, il voulait plutôt dire de bonne décomposition !

**Catherine Nay**
(née en 1944)

Héritier : c'est un homme qui vous prend le pouls chaque fois qu'il vous serre la main.

**Coluche**
(1944-1986)

Dix-huit morts à Miami.

Bonne nouvelle pour les Blancs : les dix-huit morts sont tous des Noirs.

*

Si on est touché soi-même par la mort, on a intérêt à en rire, et si on n'est pas touché, on n'a pas de raison de ne pas en rire.

**Jean Brousse**
(né en 1947)

Ici repose
un homme
sans son ordinateur

selon sa toute dernière formule :

D + C + D = 0

**Pierre Drachline**
(né en 1948)

Né vieux, je n'ai même pas su mourir jeune.

**Patrice Delbourg**
(né en 1949)

Ceci est mon dernier exercice de stèle.

**Daniel Vadet**
(né en 1950)

Je ne joue plus à la roulette russe, car je perds tout le temps.

**Jean Deluca**
(né en 1953)

Un arrêt de mort est surtout un arrêt de vie.

**Pascal Gilhodez**
(né en 1954)

Avis :

Les personnes qui ne connaissent pas encore ma grand-mère sont priées de se dépêcher. On ferme le cercueil à 14 heures.

**Jean-Marie Gourio**
(né en 1956)

C'est des morts tellement maigres, dans ces pays-là, que même les asticots sont sous-alimentés.

**Dominique Papon**
(né en 1961)

Journaliste, il parlait d'un ouvrage sur la mort :

« Pour un coup de décès, ce fut un coup de maître. »

**David Bloch**
(né en 1961)

Si naître c'est mourir un peu,
N'être, c'est mourir beaucoup.

**Xavier Perret**
(né en 1963)

Mieux vaut rire de la mort qu'en pleurer. Rions donc comme des chevaux en prenant la mort aux dents.

**Marie-Christine Couffignal**
(née en 1965)

Dans un escalier, la marche la plus dangereuse, c'est la marche funèbre.

A L'ART FUNER

## Index

DANS LA MÊME COLLECTION
AU CHERCHE MIDI

*Le Petit Livre des épitaphes les plus drôles*
*Le Petit Livre des exquis mots*
*Le Petit Livre des méchancetés les plus drôles*
*Le Petit Livre des pensées les plus drôles*
*Le Petit Livre des répliques les plus drôles*

---

*Composition et mise en pages par DV Arts Graphiques à La Rochelle*
*Imprimé en France par l'Imprimerie EMD S.A.S.*
Dépôt légal : avril 2008
N° d'édition : 1263 – N° d'impression : 19150
ISBN 978-2-7491-1263-3